—— 撰　稿 ——

张　迪　　沈蓓蕾　　孙　杰
唐旭东　　曹　阳　　赵　新
魏诗棋　　郑士明　　高　雪
柴冰冰　　陈禹行　　滕　雪
张　静　　刘晓漫　　王靖雯
康　健

—— 插图绘制 ——

雨孩子　　肖猷洪　　郑作鹏
王茜茜　　郭　黎　　任　嘉
陈　威　　程　石　　刘　瑶

—— 装帧设计 ——

陆思茁　　陈　娇
高晓雨　　张　楠

了不起的中国

—— 传统文化卷 ——

传统节日

派糖童书 编绘

化学工业出版社

·北京·

图书在版编目(CIP)数据

传统节日/派糖童书编绘.—北京:化学工业出版社,2023.10（2024.11重印）

（了不起的中国.传统文化卷）

ISBN 978-7-122-43816-4

Ⅰ.①传… Ⅱ.①派… Ⅲ.①节日-风俗习惯-中国-儿童读物 Ⅳ.①K892.1-49

中国国家版本馆CIP数据核字（2023）第131997号

了不起的中国
—— 传统文化卷 ——
传统节日

责任编辑：刘晓婷　　　　　　　　　　　　　责任校对：王　静

出版发行：化学工业出版社（北京市东城区青年湖南街13号　邮政编码100011）

印　装：河北尚唐印刷包装有限公司

787mm×1092mm　1/16　印张5　　　2024年11月北京第1版第2次印刷

购书咨询：010-64518888　　　售后服务：010-64518899

网　　址：http://www.cip.com.cn

凡购买本书，如有缺损质量问题，本社销售中心负责调换。

定　　价：35.00元

前　言

几千年前，世界诞生了四大文明古国，它们分别是古埃及、古印度、古巴比伦和中国。如今，其他三大文明都在历史长河中消亡，只有中华文明延续了下来。

究竟是怎样的国家，文化基因能延续五千年而没有中断？这五千年的悠久历史又给我们留下了什么？中华文化又是凭借什么走向世界的？"了不起的中国"系列图书会给你答案。

"了不起的中国"系列集结二十本分册，分为两辑出版：第一辑为"传统文化卷"，包括神话传说、姓名由来、中国汉字、礼仪之邦、诸子百家、灿烂文学、妙趣成语、二十四节气、传统节日、书画艺术、传统服饰、中华美食，共计十二本；第二辑为"古代科技卷"，包括丝绸之路、四大发明、中医中药、农耕水利、天文地理、古典建筑、算术几何、美器美物，共计八本。

这二十本分册体系完整——

从遥远的上古神话开始，讲述天地初创的神奇、英雄不屈的精神，在小读者心中建立起文明最初的底稿；当名姓标记血统、文字记录历史、礼仪规范行为之后，底稿上清晰的线条逐渐显露，那是一幅肌理细腻、规模宏大的巨作；诸子百家百花盛放，文学敷以亮色，成语点缀趣味，二十四节气联结自然的深邃，传统节日成为中国人年复一年的习惯，中华文明的巨幅画卷呈现梦幻般的色彩；

书画艺术的一笔一画调养身心，传统服饰的一丝一缕修正气质，中华美食的一饮一馔（zhuàn）滋养肉体……

在人文智慧绘就的画卷上，科学智慧绽放奇花。要知道，我国的科学技术水平在漫长的历史时期里一直走在世界前列，这是每个中国孩子可堪引以为傲的事实。陆上丝绸之路和海上丝绸之路，如源源不断的活水为亚、欧、非三大洲注入了活力，那是推动整个人类进步的路途；四大发明带来的文化普及、技术进步和地域开发的影响广泛性直至全球；中医中药、农耕水利的成就是现代人仍能承享的福祉；天文地理、算术几何领域的研究成果发展到如今已成为学术共识；古典建筑和器物之美是凝固的匠心和传世精华……

中华文明上下五千年，这套"了不起的中国"如此这般把五千年文明的来龙去脉轻声细语讲述清楚，让孩子明白：自豪有根，才不会自大；骄傲有源，才不会傲慢。当孩子向其他国家的人们介绍自己祖国的文化时——孩子们的时代更当是万国融会交流的时代——可见那样自信，那样踏实，那样句句确凿，让中国之美可以如诗般传诵到世界各地。

现在让我们翻开书，一起跨越时光，体会中国的"了不起"。

目 录

导言 · 1

春节的来历 · 2

腊八 · 5

小年 · 8

扫除 · 12

更多的忙年活动 · · · · · · · · · · · · · · · · 16

除夕 · 21

大年初一 · 24

忙碌的正月 · · · · · · · · · · · · · · · · · · · 28

闹元宵 · 31

龙抬头 · 38

清明节 · 42

端午节 · 49

七夕节 · 54

中秋节 · 60

重阳节 · 69

导　言

小朋友们都喜欢过节，因为过节可以放假，可以出门旅行，还可以看看电视节目。小朋友们也知道，不同的节日有不同的主题活动：母亲节要给妈妈写贺卡；儿童节有游园会，还要表演文艺节目；而春节最热闹，放假时间长，人们都忙着吃吃喝喝，还可以玩个通宵。除此之外，在孩子们眼里，各种不同的节日，还有丰富的节令美食可以吃个够。

刚才说到的儿童节是国际性的节日，全世界的小朋友都会在这一天过节；国庆节、建军节等，则是我国的官方节日；母亲节是西方传统节日；春节是我们中华民族的传统节日，它与清明节、端午节、中秋节等节日一样，是中华民族世世代代约定俗成的特色节日，有着几千年厚重的历史文化沉淀，是全人类宝贵的文化传承。

每年，我们都会把传统节日过上一遍，可是，如果不了解这些节日源自哪里，源于何时，这些风俗习惯有什么寓意，那么我们岂不是白过这些节日了吗？传统节日大多建立在对自然的礼敬上，融入中华民族的气质里，日用而不知，如果只是简单地吃吃喝喝放个假，同忘记它们没什么两样。

现在，我们就来了解一下这些中华民族传统节日吧！

春节的来历

农历年的第一个月叫正月，第一天叫正月初一，古人也把这一天叫作元旦，"元"和"旦"都有开始、第一的意思。聪明的你可能发现了，我们国家有两个元旦，一个是公历的一月一日，另一个是农历的正月初一。

正月初一还有很多名字，比如岁首、正旦、元日等，都在说这一天很特别。

正月初一的这个元旦，也俗称为"大年"，在我国实行公历纪年后，为了区别一月一日这个元旦，正月初一便改名叫"春节"了。

☁ 大欢大乐的节日

正月初一是春节，但从广义上来说，春节是从腊月初八开始，至正月十五，甚至二月初二为止，要持续将近两个月的漫长的庆祝时段，我们也管这时候叫"过年"，从一个"过"字可以看出，年得好好地过，慢慢地过，让我们品出时间延续的劲道。

☁ 立春与岁首

春节开始的时候，立春的日子也相去不远了。春节正巧赶上新岁开端，又赶上四季更新，所以人们极为重视。

红梅迎春

腊月忙年（北京地区）

二十三，糖瓜粘；

二十四，扫房子；

二十五，做豆腐；

二十六，去割肉；

二十七，去宰鸡；

二十八，白面发；

二十九，去打酒；

三十日，贴门旗儿。

春节习俗歌（山西地区）

二十三，灶王爷上天；

二十四，扫房日；

二十五，糊窗户；

二十六，炖大肉；

二十七，宰公鸡；

二十八，把面发；

二十九，贴倒"有"；

三十晚上坐一宿。

忙年歌（江汉地区）

一进腊月把年忙，

蒸了阴米又熬糖；

摊豆饼，打糍粑，

炒米花，做米糖，

推汤圆，焐（wù）米酒，

磨刀霍霍向猪羊；

塘中鲤鱼大又肥，

年年有余好吉祥。

腊 八

　　小孩小孩你别馋，过了腊八就是年。

　　腊八是新年的序幕。腊八节源于上古时期的腊祭。很早以前的时候，"腊"和"猎"是一个字，"腊"通"猎"，因为在腊祭时，人们要向神明敬献牲畜、猎物。周朝时，腊祭一般在农历十二月进行，神明保佑人们一年了，让人们能吃饱肚子，能平安生活，当然要谢谢人家，因此这个月也就被称为"腊月"。到了南北朝时期，腊祭固定在腊月初八。

远古腊祭

洗米备豆

☁ 腊八粥

　　腊八也与佛教有关，相传农历十二月初八是佛祖释迦牟尼成佛的日子，这一天，寺庙要大兴佛会，施舍佛粥，以示大慈大悲之意。传至民间，家家熬煮腊八粥也渐渐成为腊八节的习俗。可见，腊八节传承至今，是综合了古人生产活动和宗教活动的一个重要节日。

◎ 腊八蒜

腊八节的传统食物除了腊八粥，还有腊八蒜——这两种食物既便宜又简单，精打细算日子才会越过越好。

入冬时，闲下来就可以泡制腊八蒜，并没有说一定要在腊八这一天制作。腊八蒜是道调味的小菜，制作方法十分简单，只要把去掉皮的白胖胖的蒜瓣儿直接泡在米醋罐子里就好了。

过了一段时间之后，蒜会变得翠绿，这是蒜里的化学成分发生了改变。腊八蒜的蒜辣味儿变淡了，爽口酸甜，同除夕夜的饺子一起吃，那才棒呢！

腊八蒜

◎ 腊八蒜有趣的暗示

"腊八蒜，腊八蒜，放账送信儿，欠债还钱。"这句民谣非常有意思，很明显是在催债。"蒜"与"算"同音，年关将至，积久的账在这时也要算一算了。而长时间的生意交往、雇佣关系，大家都这么熟，很不好意思说出算一算的话，便以赠"腊八蒜"的方式，委婉地提醒，这也符合中华民族含蓄多思的性格特点。

小 年

过大年之前，人们要进行大量的准备工作，而大年之前的小年，是正式进入年节的标志。小年在每年的腊月二十三，我国南方也有在腊月二十四这天过小年的。小年是我国唯一的南北方日子不同的传统节日。不过，不管哪一天，小年之后，过年的气氛都会浓重起来。在过去，祭灶是小年的中心活动。

祭灶传统

能生火做饭的设备叫作"灶"。早在远古时期，当"灶"这种炊事工具被发明后，人们的饮食结构大大改变了，我们能喝到热乎乎的米粥，能吃到鲜香甘美的菜肴，还能吃到甜软健

火中有大神

康的蒸食——一大批美味又利于消化的熟食进入食谱。"民以食为天"，从那时起，灶神就成为人们心目中的大神，受到家家户户的特殊对待，并作为住在家中的重要神明被重点祭拜。

灶王爷

灶神的形象在魏晋时期丰满起来，成为替天庭监管人间的灶王爷。

人们会在灶上供奉灶王爷的画像，灶王爷在这里办公，将这一家人一年中的善恶行为记录下来，并在每年腊月二十三的时候回天庭向玉皇大帝汇报，过完年之后再返回各家各户。为此，每年腊月二十三，家家户户通常会举行"祭灶"活动，送灶王爷归天。祭灶的供品里，除了水饺、清茶等佳肴，还要特地摆上糖瓜，也就是灶糖。据说吃了灶糖以后，灶王爷的嘴巴就会甜甜的，这样他就可以"上天言好事"，不会去打小报告了。

灶王爷归天

灶王爷的来历

到底是谁当上了灶王爷，关于他的来历众说纷纭。有人认为灶王爷是很古老的神，比如祝融；还有的说灶王爷本来是老妇人的形象，这大概和做饭的差事多是由妇女来担任有关吧；还有的传说中灶王爷有名有姓，甚至有一段有趣的凡间故事。

相传，苏吉利是个清官，他精于治理，布施恩德，多行善事。当其死后，神灵很喜欢他的为人，故授予灶神一职。

"灶神，姓苏，名吉利，妇名博颊（jiá）。"在这段隋朝的记载中，灶王爷不但有名有姓，还有媳妇，所以有些灶王爷的画像中，是灶王爷和灶王奶奶共同出现的。

送百神

古人相信神明居住在家里的角角落落，灶上有灶神，门旁有门神，床上有床神，墙底下有太岁，屋脊上有姜太公……从年头到年尾，神明们在家里岿（kuī）然不动，直到小年这一天才会回到天庭。因为担心各位神仙会将自己一年里不好的行为上报天庭，也希望诸神能够在玉皇大帝面前为自己美言几句，老百姓们不敢怠慢，家家户户都会准备好酒好菜，热热闹闹地将神明送走。

从百神上天到年后重新降临人间的这几天，人间就是无神管理的状态，相对比较自由，很多人家便在这几天把平时无暇（xiá）操办的大事，尤其是婚嫁之事抢着办完，称为"趁乱岁"。

趁乱岁

扫　除

　　从腊月二十三开始，灶王爷去天庭汇报工作、参加年会，老百姓家里就没有神仙管了。人们热热闹闹忙活洒扫除尘，让家里焕然一新。为什么这个时候必须要扫除呢？

　　还是跟灶王爷有关。

　　灶王爷去向玉皇大帝汇报工作，会把这个家里谁跟谁吵嘴了，谁对谁不尊敬，谁欠了邻居二两黄豆的事儿，都跟玉帝说。灶王爷这一年在家里可没少记小账，他没有平板电脑，只能用每家每户角落里的积尘当记事本。玉皇大帝要是听了这些汇报，心里肯定会不高兴。所以灶王爷前脚刚走，第二天一大早，人们就起来打扫房子，每年的腊月二十四这天就是扫房日。人们扫净尘土，把灶王爷记的小账一笔勾销，这户人家的不良记录也就没了。

　　也因为灶王爷这时已不在家中，那么扫除的灰尘就可以直接扫进炉膛里，不怕冒犯他老人家了。

　　现在的楼房已经没有炉膛，家里也干净许多，但扫房的习俗仍在，家家户户还是会翻箱倒柜彻底除尘，过年之前大人们会很忙碌辛苦，小朋友也要帮助一起劳动哟！

万象更新

三尸神的传说

扫房的习俗也与三尸神有关。

传说三尸神监视人们的一言一行，但是他特爱搬弄是非，还会跟玉皇大帝说有人对天庭不敬。玉皇大帝知道后很生气，就让三尸神给这些人家做上记号，然后派天兵天将来惩罚这些人。三尸神收到任务后，给每家每户都做上了记号，还用蜘蛛网掩盖。所以人们会赶在腊月二十四这天，玉帝还没降旨的时候，把尘土、蛛网通通清扫干净，玉帝也就无从降罪，三尸神的坏主意也便落空了。

挑蛛网

扫房的实际意义

过年之前，人们趁农闲打扫房屋，本就是出于洁净的考虑，同时，古人也迷信尘土能藏污纳秽（huì），隐藏疾病。人们在新年之前进行扫房、擦洗灰尘、挑蛛网等一系列清洁工作，将污垢扫除的同时，也意味着疾病、瘟疫统统被赶走了。

吉祥谐音

中国人最讲究谐音，喜欢用谐音来说吉祥话，但也怕用谐音一不小心说出了不吉利的话。

"尘"与"陈"谐音，扫房有"除陈布新"的吉祥寓意，还能把晦气和穷酸都扫出门去。

剃年头

洗澡、剃年头

腊月二十四人们打扫完房子后，便陆续开始"打扫"自己了。

洗澡可以清洁自身，保证健康，也能以清爽的面貌迎接新一年的到来。在我国南方的一些地区，洗澡还有"洗福禄"一说，寓意更加吉祥。

剃年头也是清洁习俗，同时，习俗中有正月里不许剃头的说法，所以人们就要在正月来临之前整理发型。剃年头习俗是清代民俗，我国很多地方至今仍延续着。

洗福禄

剪窗花

更多的忙年活动

🌀 剪窗花

吉祥图案

窗花，是贴在窗纸或窗户玻璃上用来装饰的剪纸。

在我国北方地区，人们打扫房屋的时候，将糊在窗纸上旧的窗花撕下，剪出新的窗花换上。

北方地区以前的窗户多用纸糊，贴上红纸窗花来装饰。窗花最能体现家中女性成员的巧手。自古流传的一些吉祥图案都会被剪进窗花里，体现出人们对吉祥幸福的期待。

指代学识，非常吉祥。

葫芦与蝙蝠：葫芦与"福禄"谐音，蝙蝠中的"蝠"也与"福"谐音，都是期盼幸福的意思，禄还有升官、职场得意的意思。另外，葫芦从来都是对抗妖魔的法宝，也被用来镇宅。

仙鹤与松树：仙鹤与松树都是长寿的象征，家有老人一般会用这样的图案。

石榴：石榴饱满多籽，也就有"多子"之意。同时，石榴花红艳灿烂，十分喜庆吉祥。

◎ 窗花图案

莲花莲子：莲子与"连子""怜子"谐音，以此希望保佑一家的小孩健康平安。

莲花金鱼：金玉满堂之意，金玉一方面代表财富，一方面

◎ 贴门笺

过年之前的几日，家家户户的大门都会被装饰一新。门笺（jiān）是贴在门楣（méi，门框上部的横木）上的刻有各种图案的五彩纸饰，和其他吉祥物一样，门笺也有避祟驱邪、纳福、求吉祥的寓意。门笺一组五张，从左至右为红、绿、黄、粉（淡红）、蓝（紫），花式以福字为主，四周镂空着钱币、花卉、鸟兽等图案。

贴春联

春联也叫"对联""对子"。早在秦汉以前，中国民间就有在门上挂桃符的习俗。桃符是用桃木做的，传说桃木可以驱鬼避邪。人们在桃木上写上神将神荼（tú）、郁垒（lěi）的名号，请他们保护家宅。后来，神将的名号被吉祥话取代，桃木符也被红纸代替。

春联要在除夕前贴好，一般贴春联是在腊月二十八那天。

贴春联

吉祥食物

年节之时，各家厨房是最忙碌的时候。如歌谣中说，杀鸡、宰鸭，烹制各种肉食，蒸馒头、炸果子，面食花样繁多。

年节食品有各种各样的讲究，蒸年糕是我国南方地区必须隆重对待的事情，年糕寓意着阖（hé）家团圆、步步高升。年糕要制成各种花样，蒸屉（tì）摞（luò）得高高的，蒸了一批又一批，热气腾腾的蒸汽上升，也象征年年高升。而北方人习惯蒸馒头，在北方老辈人的眼中，二十九这一天得蒸馒头，而且要蒸得好，因为这代表着每家每户的"面子"，"蒸"象征生活蒸蒸日上，日子越过越好。蒸馒头的时候不能问发没发，万一面团真的没发酵起来，回答没发可不是不吉利嘛；所以要问笑没笑，——过年期间人们都爱听吉利话，多说点儿全家高兴。

除了年糕、馒头，年夜饭的桌上还要有鱼、有圆子，象征年年有余，时时团圆；要有鸡，鸡和"吉"谐音，是吉祥喜庆的象征；要有猪手，是招财进宝的象征；要有四喜丸子，四喜丸子由四个香味四溢的肉丸组成，分别代表了福、禄、寿、喜四大喜事；还要有韭菜，它是长长久久的象征。

四喜丸子

打年糕

南方过年必吃年糕，制年糕可是一件工序复杂又费时费力的活儿。人们为了吃到细腻嫩滑又有嚼劲的年糕，需要费大力气打年糕。

新年将近，年糕制作开始忙碌起来，空气中弥漫着浓郁香甜的糯米香味。将雪白的糯米淘洗干净，掺进比例适宜的晚米，再用石磨磨成粉，土灶烧火，上屉蒸熟。最后还要用石臼（jiù）反复捶打，捶打的力道够、次数多，年糕才能拥有最好的口感。

制好的年糕晾干之后，浸在井水中，可以存放很久。年糕将陪伴朴实的南方百姓度过漫长的春节。

蒸年糕

除 夕

◎ 除夕

农历的最后一天是除夕。岁尾连着岁首，是年度之间的跨越，所以得到了老百姓最隆重的对待。

◎ 过年的传说

相传年是一个上古猛兽，专门在年度相交的这天出来骚扰百姓，吃掉牲畜。不过年有弱点，它怕红色、火光和声响，所以人们就在年要来做坏事之前，先在大门口贴上大红的对联，挂上红灯笼，自己穿上红衣服，又点燃爆竹，用噼里啪啦的声音驱走恶兽。

年被吓得跑掉了，所以叫"过年"。

驱赶年兽

⊚ 祈福之心

传说中总有现实的影子。人们在两年相交的时期，盼望吉祥，惧怕厄（è）运。纵使有厄运（年这样的怪兽的象征意义），也不要再带到新的一年里去。中国古时候，人们一直认为红色最能驱邪，所以春节简直就是一个红色的节日。

过年啦

⊚ 团年饭

团年饭也叫"团圆饭""年夜饭"，这是一年之中最丰盛、最重要的一顿晚餐，是春节期间庆典的最高潮。

团年饭

团年饭，吃的是团圆，吃的是喜悦，吃的是浓浓的亲情，吃的是家的味道。不管多忙多远，大家都会在这一天赶回家中与家人欢聚一堂，共吃团年饭。儿孙满堂，老少共叙天伦，团年饭不仅增进了家人之间的感情，对家中长辈来说更是精神的安慰。团年饭不仅是团圆的象征，更是对中华民族重视亲情的文化传承。团年饭席上要有鸡有鱼，有大菜、冷盘、小炒，北方有些人家还因为天冷要添上炭火锅。中华民族凡事都要图个吉利喜庆，吃团年饭当然也是如此。火锅象征红红火火，鸡与"吉"谐音，鱼与"余"谐音，象征年年吉庆有余。

守岁

小朋友喜欢过春节还有一个原因，就是可以晚睡，家里大人兴致高的，熬个通宵也是可以的。

除夕是一夜连双岁，就是一晚连着两年。守岁是除夕夜的习俗，一家人在吃过年夜饭后，都要长明着灯，陪着家里的老人"熬年"。除夕夜灯火通宵不断，小辈陪着长辈说着吉祥话，给长辈添福寿。

在我国台湾地区，当地的客家人没有守岁的习俗，但也要让家里灯火通明。因为传说这天是老鼠嫁女的日子，人们明灯照路，是一种慈悲心。

大年初一

✿ 压岁钱

本来，压岁钱叫"压祟（suì）钱"，"祟"是鬼怪的意思。古人认为孩子易被鬼怪欺负，过年时用红线串起铜钱，系在孩子腰间或衣襟上，来"收买"鬼怪。

现在，人们把压岁钱放在红包里，红包上写有吉祥话，是传达美好祝愿的方式。

给压岁钱

✿ 正月歌（北方）

新春正月过大年，吃点喝点解了馋。初一饺子初二面，初三合子团团转；初四吃米饭，初五的饺子要素馅；初六初七需吃鸡，初八初九牛羊肉；初十吃顿棒子粥，十一吃鱼，十二吃鸭，十三围坐吃对虾，十四大碗打卤面；十五家家闹元宵，打春要吃春卷炒鸡蛋。

元 日

【宋】王安石

爆竹声中一岁除，春风送暖入屠苏。

千门万户曈曈日，总把新桃换旧符。

◎ 拜神祭祖

新的一年开始了，人们为求风调雨顺，家和人安，都要礼敬天地，拜迎众神，还要祭祖。所以，春节前，流散在外的人都要回家，一是为了团圆，二是为了家庭的拜祭仪式。

时至今日，中国人也坚持过年回家，每年的"春运"被称为"中国人的迁徙（xǐ）"。再远的路，再难的路途，远方的游子也都要回家，什么都挡不住家的温暖对人们的召唤。

◎ 拜年

拜神祭祖之后，人们要出门拜年。拜年的对象是亲朋好友、左邻右舍，人们见面行礼，说吉祥话，去别人家中拜年还要带上糕饼礼物。在整个春节期间，人们见面都会相互拜年。

拜年

庙会

庙会源于宗教祭祀活动，慢慢发展为民间盛大的娱乐活动。庙会集中在市镇的某一区域，很多杂耍艺人、小吃摊位、手工艺品卖家充实了庙会内容，大量民众在祭祀活动之后涌入庙会，又吃又玩又买，热闹非常。

在庙会上，舞龙舞狮、踩高跷、秧歌、皮影戏等都是非常受欢迎的表演项目；小吃摊位体现各地不同的特色，随着南北融合，庙会上能吃到各地美食；手工艺品也是应有尽有，小孩子在这个时候总会收获满满。

◎ 吃饺子

北方大年初一一定会吃饺子，人们包好许多饺子，吃之前热腾腾地下锅，不需要太多其他的菜肴陪伴，有菜有肉又能当主食的饺子就能满足一大家子人。

饺子本来是平时的点心，到了明朝升级为春节节令食物，备受推崇。俗语又说"新年旧年交在子时"，所以过年吃"交子"，这大概是民间对习俗的演绎了。

◎ 放鞭炮

鞭炮原来叫爆竹，把竹节放在火里烧，发出噼噼啪啪的声音。火药发明以后，才出现了现在的鞭炮。放鞭炮历史悠久，古人放鞭炮是为了驱赶怪兽，延续至今成为传统，代表着辞旧迎新。因为放鞭炮会污染环境，现在很多地区已经禁止燃放烟花爆竹。

放鞭炮

送穷神

忙碌的正月

🌀 破五

正月初五这一天被称为"破五"，这一天有"赶五穷""送穷神"的风俗。送穷神风俗比迎财神起源更早，古人对温饱生活的需求远远大于对大富大贵的期望。有的地方风俗忌讳在初五之前倒垃圾，等到破五才能把垃圾一股脑儿扔出门去，表示送走穷神。这个风俗有很强的迷信味道，过年时吃的喝的那么多，垃圾一大堆，不扔出去放在家里，岂不臭坏了。

清代时，我国北方还有送穷的祭祀仪式，人们初五一早将炉灰扫进筐里，剪五个纸人摆在上面，送到大门外，还要焚香、放鞭炮，仪式进行得非常认真。

迎财神

财神在我国民俗里有举足轻重的地位，地域不同，年代不同，财神的"原型"和祭法也不尽相同。北京地区正月初二祭财神，南方地区则在初五迎财神。

财神有文财神和武财神之说。据说，文财神是商朝的忠臣比干，生前被纣王挖心而死，姜子牙给他仙丹让他以财神的形象重返人间，因为没了心，也就没有偏私，办事不偏不倚。

武财神有赵公明和关羽两位。赵公明的形象十分威武，黑面黑须，手执钢鞭，胯下有一头猛虎。关公的形象自不必说，面如重枣，绿袍美髯（rán），手执青龙偃（yǎn）月刀，抚须直立。现在还可以看到一些商家会在厅堂里供奉武财神。

南方地区在初五那一天迎接的是五路财神，分别代表东西南北中，五路财也就是路路皆发财的意思。

迎财神

剪人胜

🌀 人日

正月初七这天在传统上被称为"人日"。民间传说女娲造人之前，先是用六天时间分别造了六畜：鸡、狗、羊、猪、牛、马，在第七天才造了人，也就是初七这天要纪念人的诞生。我国古代十分重视人口，所以人日也就被特别重视。

古人认为，如果人日这天天气晴朗，是好的兆头。可天气有晴就有阴，所以民间便有在人日吃补天糕、面条（象征长寿）等保佑人口平安的习俗。

剪彩纸戴人胜也是广为流传的人日习俗。人日这天，妇女用金箔或彩纸剪出人形，叫作人胜，人胜贴在屏风上、帐子上，还要佩戴在头上，既是装饰，也能避邪保人口平安。

🌀 七菜羹

人日还有吃七菜羹（gēng）一说。七菜就是芹菜、荠菜、菠菜、青葱、大蒜、蒿菜、芥菜这七种蔬菜，将这七种蔬菜一餐食用，传说可以祛除疾病。

闹元宵

元宵是新年的第一个月圆之夜，也被称为"元夕""元夜"。在道教传统中，元宵节有天官赐福的美意，被人们称为"上元节"。它与七月十五中元节、十月十五下元节并称"三元节"，其中上元节最受百姓喜爱。

◎ 灯节

汉武帝时，皇帝在上元之夜点火祭祀太一天神，这是灯节最早的来历。汉明帝听说印度摩揭陀国每逢正月十五都会举行盛大的佛会，便下旨每年正月十五燃灯表佛，意思是佛法大明，无量神威。魏晋南北朝时期，不仅燃灯，还要点灯笼。发展到隋唐，正月十五张灯结彩已经成为民间习俗。发展到今天，人们会通过观花灯、猜灯谜、吃元宵等方式来庆祝。

◎ 狂欢节

人们把过元宵节叫闹元宵，一个"闹"字突显出过元宵节的场景。以前，平日里劳动人民无暇休闲，城市每到夜晚又要实行宵禁——宵禁就是晚上禁止外出，如果半夜你还在街上闲逛，是要被抓起来的。想象一下，每到太阳落尽，街市漆黑安静，那时又没有电视，多无聊啊！劳动一年的人们在春节期间才放松下来，除却迎来送往、祭祀先祖，到了元宵

花市灯如昼

节这天，官方会下令取消平时的宵禁，让人们出门尽情玩乐、狂欢。

元宵节的传统节目是赏灯，到了隋炀帝时，正月十五夜，长安城（那时叫大兴城）"大列炬火，光烛天地"，除了在长街上遍饰宫灯，还加了舞龙灯、跑旱船、踩高跷等百戏表演，足足表演一个月才罢休。

唐朝时国力强盛，皇帝兴致很高，便下旨将正月十五的元宵灯会由一天改为正月十四、十五、十六三天，让人们尽情玩乐。从京城长安，到各大城乡，无论是达官贵人，还是商贾（gǔ）平民，都会涌上街头赏灯狂欢。"每以正月望夜，灯炬照地，聚戏朋游，锣鼓喧天，男女混杂，内外共观，欢乐无已。"《旧唐书》记载，唐中宗"放宫女数千人看灯，因此多有亡逸者"，意思是宫女们出宫看花灯，结果跑了好多。唐玄宗时，皇城前的灯轮有二十丈，也就是现在的六十多米高，挂了五万盏灯，那场景一定特别壮观！

发展到北宋时，灯节从三晚又增加到五晚，时间是从正月十四到正月十八，到南宋时甚至增加到六夜。如此漫长的节日狂欢，在古代是非常罕见的，可见人们对这个节日真的非常热爱。也因为灯节期间女性可以在外面游玩一整夜，因而这一天对于古人来说也有情人节的意味。

正月十五夜

【唐】苏味道

火树银花合，星桥铁锁开。

暗尘随马去，明月逐人来。

游伎（jì）皆秾（nóng）李，行歌尽落梅。

金吾不禁夜，玉漏莫相催。

生查（zhā）子·元夕

【宋】欧阳修

去年元夜时，花市灯如昼。月上柳梢头，人约黄昏后。

今年元夜时，月与灯依旧。不见去年人，泪湿春衫袖。

✿ 花灯

　　元宵节的主角是灯，手工艺人便在花灯上大做文章。花灯有竹编的、纸糊的，还有绢帛、玻璃、羊皮等材料制成的，造型极多：莲花、芙蓉、鲤鱼、喜鹊、钟馗（kuí）、美人、青狮、猿猴……花灯还可叙事：《八仙过海》《嫦娥奔月》《二十四孝》……花灯还体现了诸多工艺：走马灯可以转动，既是灯又是玩具；清代时，北方的冰灯进入关中地区，晶莹剔透，十分美丽；福建泉州的香灯神秘幽香，技艺绝伦。

花灯

走马灯

✿ 走马灯

走马灯是灯，也是玩具，又被称为跑马灯、串马灯，象征喜庆祥和、人财两旺、五谷丰登。

走马灯外面是竹制的框架，糊上白纸，里面有一个独立的轴，轴的上方是纸制叶片，下方固定有剪纸。在灯的内部点燃蜡烛，烛火产生的热气流使叶片转动，带动纵轴、剪纸同时转动，烛光将图案投射在白纸上，便产生了不断奔跑前进的影像。古时候没有动画片，这种会动的灯当然令人眼花缭乱。

◎ 猜灯谜

元宵节全民同乐，自然会衍生出不少玩乐的花样，猜灯谜就是其中很有趣味的一项。灯谜涵盖了天文、地理、经史、辞赋等相关知识，不仅是一种益智的娱乐活动，还是我国独有的富有民族风格的一种文学形式。谜面可以是诗句、图画，剪写在花灯上，供人玩赏。名著《红楼梦》中就有元宵节公子、小姐们猜灯谜的情节，有谜面，有谜底，有精彩绝妙的，也有没做成的，个个不同。

◎ 元宵与汤圆

关于人们吃元宵的记载最早出现于宋代，那时人们管元宵叫"圆子""浮圆子"，因为元宵节必吃，所以后来就用节日命名了。元宵与汤圆都是元宵节的节令食品，

都有着团圆美满的寓意，二者虽然相似，但制法不同。元宵是将料放在糯米粉中"滚"出来的，汤圆是像包饺子一样包出来的。

元宵节当天，或食元宵，或食汤圆，二者必有其一，元宵节算美满。

雅制灯谜

龙抬头

尾声

元宵节一过，年就基本过完了，但因为农耕靠时令，北方地区要到农历二月初二才回暖，所以二月初二之前，还有年的余韵。

民间还有"过个大年，忙活半年，正要消闲，赶上种田"这样的俗语，说的就是忙忙活活过个大年，年终于过完时，已经到农历二月初二，又要开始农忙了。也正因为如此，二月二龙抬头也叫春耕节、农事节。

舞龙

🌀 龙抬头

"二月二，龙抬头，家家户户使耕牛。"从这句民谚里可以看到，农历二月初二被称作"龙抬头"，这里的龙对应的是天象。古人将天上的星星分为二十八组，就是"二十八星宿（xiǔ）"，又按东西南北四个方位分为四大组：青龙、白虎、朱雀、玄武。"龙抬头"里的龙，指的就是位于东方的青龙这一组。春天到来，青龙星宿从地平线上升起，也就是"龙抬头"了。

🌀 剃龙头

正月里不许剃头，直到农历二月初二这一天，人们取龙抬头的好日子剃头，也叫剃龙头，是一种鼓舞人心的民俗，预示着红运当头、福星高照，代表着一个好的开始。因此，每年的这一天，理发店里门庭若市，大家争相去店里剪头发，以祈求在新的一年里能有一个好兆头。

剃龙头

◎ 吉祥的开始

传说，每逢农历的二月二，是主管雨水的龙王抬头的日子。每年的这日之后，雨水会逐渐增多，所以龙抬头也指代百虫开始苏醒。

龙抬头这一天，大地回暖，阳气回升，是古人心目中最吉祥的日子。传说这一天也是主宰功名之神文昌的诞辰，所以，古人选择让幼儿在这一天开笔学习写字，长辈还要为孩子点朱砂启蒙明智，寓意着孩子心明眼明。一年之计在于春，这种民俗透出人们对未来满满的期待。

开笔

踏青扫墓

清明节

◎ 三节合一

清明节是二十四个节气中唯一一个演变为节日的节气。

在古代，寒食节、清明节、上巳（sì）节三个节日时间相近，主题协调，在宋代的时候合而为一，成为流传后世的清明节。清明节有扫墓祭祖和踏青郊游两大主题。

我国人民一直保持着对传统的尊重和对先人的追忆，所以扫墓是清明节的首要主题。

清明节天气转暖、草木萌发，又是踏青郊游的好时节。此时，青黄不接，人们也需要挖野菜来充实餐桌。这样一来，连扫墓带踏青，还挖了野菜，不是一举三得嘛！

清 明

【唐】杜 牧

清明时节雨纷纷，路上行人欲断魂。
借问酒家何处有？牧童遥指杏花村。

上巳节

上巳节在很早的时候是非常重要的节日，比清明节要重要得多。上巳节要祭祀河神、在河中沐浴。到了魏晋时期，上巳节固定在每年的农历三月初三，主要风俗是踏春、在河中沐浴饮宴，其中最著名的饮宴形式是曲水流觞（shāng）。

上巳节的风俗大多与水有关，曲水流觞就是将酒杯放在流水中随水浮沉，这种行为可能是一种水祭。天下第一行书《兰亭集序》中就有"又有清流激湍（tuān），映带左右，引以为流觞曲水，列坐其次。虽无丝竹管弦之盛，一觞一咏，亦足以畅叙幽情"之句，《兰亭集序》就是王羲之与谢安、孙绰（chuò）等人在上巳节聚会后所作的。

寒食节

寒食节的传统来自钻木取火的时代。古代先民因季节不同，会用不同的树木钻火。换季的时候更换新火，天子会举行火神祭祀活动，并赐下火种。在更换新火之前便要禁火，人们只能吃备好的冷食。

后来，人们在这一传统之上加入了传说故事的成分。

《左传》中记载，公元前655年，晋国的骊（lí）姬为了让儿子公子奚齐当上国君，不仅逼死了太子申生，还逼走了公子重（chóng）耳。重耳流亡异乡，几乎饿死，他的追随者介子推悄悄割下自己大腿上的肉制成汤羹给重耳充饥，重耳知道后感动不已。后来，重耳在秦国的帮助下回国继位，是为晋文公。晋文公赏赐功臣时，却忘记了介子推。待晋文公想起，亲自上门寻访介子推时，介子推已经携母躲到绵山上去了。晋文公在他人建议之下，放火烧山，只留一个出口，目的是逼迫介子推出来相见。最终人们在绵山上发现了抱树而死的介子推和他的母亲，晋文公追悔莫及，于是下令全国在每年的这几日禁火以示哀思。

每年冬至过后的第一百零五天就是寒食节。在唐朝和唐朝以前，寒食节才是祭祀祖先的重要日子，朝廷官员都会放假，可以返乡祭祖。到了宋代，寒食节、上巳节与清明节合而为一，清明节就成了人们踏青扫墓的日子。

避于绵山

唐朝的小长假

唐代有多么重视寒食节呢？《唐会要》记有："（开元）二十四年二月十一日敕（chì）：寒食清明，四日为假。大历十三年二月十五日敕：自今已后，寒食通清明，休假五日。至贞元六年三月九日敕：寒食清明，宜准元日节，前后各给三日。"也就是说，唐玄宗开元年间，寒食节和清明节共放假四天；唐代宗大历年间，两个节日共放假五天。这可不光是给官员放假，平民和奴仆也都要放假，等到了唐德宗李适（kuò）贞元年间，假期就已经延长到了七天。

折柳戴柳

受佛教影响，人们认为柳枝可以避邪驱疫。清明时节柳枝吐绿，人们便会将柳枝放在门上防百鬼，唐代皇帝还会赐给侍臣柳圈，让他们戴在头上。段成式《酉阳杂俎（zǔ）》记载："唐中宗三月三日，赐侍臣细柳圈，戴之可免虿（chài）毒。"这段文字表明，唐代皇帝赐柳圈是在三月三日，应当是上巳节那一天，后来上巳与清明合并，折柳戴柳才成为清明节的习俗之一。

文人雅集

◎ 青团

　　江南地区清明节必食青团。青团是用浆麦草汁液与糯米粉糅合，包进豆沙等馅料制成的。青团绿如碧玉，软糯清甜，十分可口。

端午节热闹场面

端午节

农历五月初五为端午节，在屈原大夫自沉于汨（mì）罗江后，端午节有了更多文化意味。

早在上古时期，夏至与冬至就是一年中的两个重大节日，其中夏至正是端午前后。周代，端午节为"地祇（qí）节"，行地腊祭，要祭祀土地和先祖。

竞渡曲

【唐】刘禹锡

沅（yuán）江五月平堤流，邑（yì）人相将浮彩舟。

灵均何年歌已矣，哀谣振楫（jí）从此起。

杨桴（fú）击节雷阗（tián）阗，乱流齐进声轰然。

蛟龙得雨鬐鬣（qíliè，鱼或龙背上的鳍）动，

蝃蝀（dìdōng，彩虹）饮河形影联。

刺史临流褰（qiān）翠帏（wéi），揭竿命爵分雄雌。

先鸣馀勇争鼓舞，未至衔枚颜色沮。

百胜本自有前期，一飞由来无定所。

风俗如狂重此时，纵观云委江之湄（méi）。

彩旂（qí）夹岸照蛟（jiāo）室，罗袜凌波呈水嬉。

曲终人散空愁暮，招屈亭前水东注。

龙舟竞渡

江南一带，端午节赛龙舟是一件历史悠久、极其壮观的传统体育项目。人们在端午乘舟，目的是祭祀水神，也是求水神守护屈原大夫的遗体，表达缅怀之意。舟为龙形，因为龙行于天，也潜于水，大江大泽一向有龙居住。龙舟是中国对龙崇拜的体现，端午节划龙舟，也是祈求一年风调雨顺。

◎ 屈原

屈原是楚国贵族，职位是三闾（lǘ）大夫。他文采出众，耿直正义，忧国忧民，却被奸臣所害，遭到放逐，心中悲愤不已。在外流亡时，他得到楚国亡国的消息，痛心疾首，在五月五日这天悲愤地沉江自尽。

屈原是我国文学史上伟大的爱国诗人，是中国浪漫主义文学的奠基人，被誉为"楚辞之祖"。《离骚》《九章》《九歌》《天问》等都是他的经典作品。屈原的一生为了楚国呕心沥血，赢得了楚国人民的敬重。后人敬佩他的气节，便在每年的端午节举行盛大的活动纪念他。

屈原

🌀 粽子的来历

粽子

南北朝时期有个人叫吴均，他在《续齐谐记》中写了这样一个故事：

屈原大夫是在五月五日那天跳进汨罗江自杀殉节的，楚国人非常悲伤。以后的每年五月五日，都用竹筒盛上米，投进水中祭奠屈原。汉代建武年间，有一个长沙人叫欧回，大白天的忽然遇见了屈原，屈原还跟他聊天说："你们祭奠我这个事挺好啊，就是祭品竹筒米总被江里的蛟（jiāo）龙偷吃，今天遇见你也是缘分，以后啊，米用粽叶包好，用五彩丝线捆上，蛟龙怕这两样东西。"欧回很听话，以后照此办理。从此，人们制作粽子，也都用粽叶包好再系上五彩线。

🌀 驱病习俗

端午节过后，盛夏来临。我国古代医疗防疫水平很不发达，盛夏毒虫繁殖，瘟疫流行，人们很容易患病死亡。所以，盛夏之初的端午节就有扫除、饮雄黄酒、挂艾烧艾、悬菖蒲、佩香包、戴"五毒"帽、系五彩绳、香草泡澡等习俗，都是为了祛除疾病。

🌀 五彩绳

五彩绳由红、黄、白、青、黑五色绳子编结而成，代表着五行和五个方位，在古时候也有长命绳一说。每年端午节的早晨，大人们起床后第一件事就是在孩子的手腕、脚腕、脖子上系上五彩绳。人们认为，系上五彩绳的孩子可以避开蛇蝎类毒虫的伤害，得以永保安康。

五毒图

🌀 五毒

蝎子、蜈蚣、蛇、蟾蜍、壁虎被古人称为"五毒"。其实，这五种生物对人类的益处远大于害处，只是古代没有生物学，人们对这五种生物产生了深深的误解。

在端午节这天给小孩子佩戴有五毒绣样的帽子或肚兜，寓意以毒攻毒，使活的毒虫吓得跑开。

五毒肚兜

七夕节

农历七月初七是七夕节，是从汉代开始就有的节日。牛郎织女的故事唯美动人，现代人经常提起，这个故事便与七夕有关。

牛郎织女的故事

织女是天上的仙女，有一天她向王母娘娘请假去人间游玩，人间的风景很美，深深地吸引了她。

织女在河中洗澡的时候，牛郎牵着牛从河边路过，捡走了她的衣裳。因为这件意外，一个仙女和一个凡人见了面，而且他们深深地相爱了。

织女嫁给了凡间的穷小子

牛郎，还有了一儿一女，他们男耕女织，日子虽然清苦，但过得很幸福。

因为请假不归，也因为私自嫁给了凡人，织女的行为惹怒了王母娘娘。织女被抓回了天庭，牛郎用扁担载着一双儿女，去追赶妻子。快要追上时，王母娘娘拔出头上的玉簪（zān），用法力一划，一条波涛汹涌的大河

牛郎织女

便横亘（gèn）在牛郎的面前，他没有追上妻子。

牛郎苦苦等候着妻子，织女也终日思念丈夫。后来，王母娘娘让织女化为织女星，牛郎和一双儿女化为天上的牛郎星和左右两个小星，大河化为银河，王母娘娘允许喜鹊每年七月初七在银河上搭成鹊桥，使牛郎和织女能在这一天相见。

秋　夕

【唐】杜　牧

银烛秋光冷画屏，

轻罗小扇扑流萤。

天阶夜色凉如水，

坐看牵牛织女星。

牛郎星与织女星

牛郎星与织女星是两颗巨大的恒星。

牛郎星叫河鼓二，是天鹰座 α（希腊字母，读阿尔法，下同）星，直径有太阳的 1.6 倍。

而织女星的直径是太阳的 3 倍，是天琴座中的一颗亮星，叫作天琴座 α，也是夜空中最亮的星之一，夏天傍晚在我们头顶方向的亮星就是织女星。我国自古就有织女星崇拜，后来，人们在夜空下浮想联翩，不但给织女星加上了角色，还给她找了男朋友（牛郎星），后来还有了孩子（牛郎星两旁的两颗暗星河鼓一、河鼓三）。

牛郎星与织女星之间只隔着银河，可它们真正的距离大约有 16.4 光年，就是一束光射出去 16.4 年才能达到的距离，别说喜鹊了，什么鸟都架不起这么长的桥呢。

传说的另一个版本

《月令广义》里记载："天河之东有织女，天帝之子也。年年机杼（zhù，古代织机上的零件）劳役，织成云锦天衣。天帝怜其独处，许配河西牵牛郎。嫁后遂废织纴（rèn），天帝怒，责令归河东，唯每年七月七日夜渡河一会。"

天河就是银河，银河的东边住着织女，西边住着牛郎。

织女是天帝的孩子，辛劳织布，织成了云锦天衣。天帝很心疼她独自生活，便将她许配给了河西的牛郎。结果嫁过去后，织女就不再像之前那样努力织锦了。天帝很生气，命令她回到河东，只许她在每年七月七日渡过银河与牛郎见一次面。

⚙ 乞巧

《西京杂记》中记载："汉彩女常以七月七日穿七孔针于开襟楼，俱以习之。"《荆楚岁时记》里有："是夕，人家妇女结彩缕，穿七孔针。"

七夕是典型的女孩节，古人很重视女子的女红（gōng），就是看看她们的织布技术、刺绣技术、缝纫技术好不好。女红好的女孩子才是巧女，否则是要被嘲笑粗笨的。

乞巧

七月七日这一天是专属于织女的日子，女孩子们会在彩楼前穿七孔针向织女乞巧。

《开元天宝遗事》中记载，唐代宫廷特别重视七夕活动，宫里会搭很高很高的彩楼，嫔妃们用九孔针对着月亮穿五色线乞巧，这种活动之中还伴有饮宴和音乐，一玩儿就是一个通宵，引得普通人家也纷纷效仿。

宋代民间，人们在七月七日这一天会烧茜（qiàn）草鸡，还用泥给小朋友塑像。到了晚上，妇女和儿童穿上新衣服，在庭院里立起长竿，竿顶放置莲花，并摆好香桌、供果、笔砚、针线，焚香乞巧。除了对月穿针，还用到蜘蛛帮忙。女子们将蜘蛛关到盒子里，第二天看看蜘蛛结的网标致不标致，如果蜘蛛网又圆又正，这个女子就"得巧"了。

有趣的晒物习俗

农历七月正值秋季，天高云淡，秋高气爽，古人用"朗景"来形容这个季节，听起来就让人非常愉快。

这么好的天气不能浪费，人们就选择在七月七日这天做一些有意义的事情，比如拿出经过夏季潮霉的物品晾晒，所以七月七日就有晾晒衣物和书籍的习俗，七夕也就逐渐成了民间的"晒物节"。尤其是读书人会格外重视这一天，趁着好天气，将宝贵的书籍拿出来晾晒，相沿成习，七夕便又成为读书人的"晒书节"。为了图一个好兆头，书生们每年都会在这天晒书。

三国时期，曹操在听闻司马懿（yì）大名后，派人请司马懿出山为他工作，司马懿假装有病推辞不去，曹操又派人暗中查探，发现七月七日这天，司马懿正在搬书晒太阳。曹操挺生气的，便下了严命，如果司马懿再不给他面子，他就要抓人了，司马懿没办法，这才出来为曹操工作。

《晋书》里还有一个好玩儿的故事：阮（ruǎn）氏家族聚居在一起，中间隔着一条马路。

七月七日这一天，道北的阮氏族人举行盛大的晒衣仪式，纷纷拿出漂亮的衣服、被子晾晒，五光十色，十分气派；而道南的阮咸家里很穷，没啥衣服可以晒，为了遵守习俗，他便挂起大布围裙晾在院子里，也是很有个性了。

《太平御览》里记载：东晋时候有个郝（hǎo）隆，七月七日这天居然躺在地上，敞开衣服露出肚子，说是在晒书（指自己满腹学问）。这就不只是个性，简直是行为艺术了。

中秋节

农历八月十五是中秋节，也被称为"八月节"，因为是秋季最中间的日子，所以又叫"仲秋节"。中秋节以月亮为核心，源自古人对月亮的观察和记录。古时除了火，人们没有其他的照明设备，白天有太阳，而到了漆黑的夜晚，就只有月亮陪伴着人们。深夜野兽出没，是月亮带给人们安全感，人们对满月充满崇敬和感激。农历八月十五，满月当空，秋高气爽，月亮尤其显得明亮。满月象征着圆满，所以中秋节时，全家团圆是最主要的习俗。

◎ 月亮女神

月亮是女性的代表，也具有温柔、安宁、和平、幸福的寓意，与显示力量的太阳神不同，月亮神多是温柔善意的女性形象。希腊神话中的月亮女神是阿尔忒（tè）弥斯，在罗马神话里被称为戴安娜，是奥林匹斯山上的女神，是太阳神阿波罗的孪（luán）生妹妹，代表了母性，保护女子。在我国，最有名的月亮女神是嫦娥。

嫦娥奔月

嫦娥奔月

传说嫦娥是英雄后羿的妻子。一天，后羿在王母娘娘那里得到了两颗能让人长生不老的仙药，他将仙药交给嫦娥，相约两人一同服下，可这中间却生出变故。后羿有位门徒叫逄（páng）蒙，他趁后羿不在，试图夺取仙药。嫦娥情急之中吞下仙药，却立时升天，变成了仙子。

嫦娥不能生活在人间，又不想去天宫，只好来到月亮上，一个人生活在那里。留在人间的后羿十分思念妻子，便在中秋月圆之时备下月饼酒果，站在庭院里对月遥祭。嫦娥便会在这时回到人间，与后羿团圆。

中秋团圆的习俗，可能有部分来源于这个传说。

十五夜望月寄杜郎中

【唐】王　建

中庭地白树栖鸦，

冷露无声湿桂花。

今夜月明人尽望，

不知秋思落谁家。

中　秋

【唐】司空图

闲吟秋景外，

万事觉悠悠。

此夜若无月，

一年虚过秋。

化身为蟾

🌀 蟾宫

关于"嫦娥奔月"的传说还有一个版本：嫦娥本是天上的仙女，嫁给后羿后始终思念天庭的生活。碰巧后羿得到了两颗仙药交给她保管，并约定时机成熟后一同服下，希望可以长生不老，永远在一起。嫦娥终于得到机会可以摆脱现在的生活，于是她趁后羿不在家，一个人服下了两颗仙药，顿时身体变得轻盈，飘飘然地越飞越高，终于再次成仙。可是她因为偷吃灵药羞于面对其他仙人，只好躲到了月宫，变成了蟾蜍（chánchú）。

由此，月宫也叫蟾宫。

嫦 娥

【唐】李商隐

云母屏风烛影深，长河渐落晓星沉。

嫦娥应悔偷灵药，碧海青天夜夜心。

注：据《淮南子》记载，窃药飞升的人叫姮（héng）娥。西汉时为了避汉文帝刘恒的名讳而改称嫦娥，也写作常娥。

玉兔

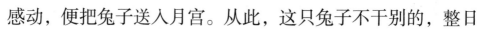

月宫里除了有蟾蜍，还有一只忙碌的兔子。这只兔子浑身洁白如玉，所以被称为"玉兔"。这种说法来源于一个佛经故事：一位神人化身为可怜的老人，分别向狐狸、猴子和兔子讨要吃的，狐狸和猴子都给了，只有兔子没有食物可给，兔子告诉老人："您就吃我吧！"之后便纵身跳入烈火之中，以自己来奉养神人。神人很受感动，便把兔子送入月宫。从此，这只兔子不干别的，整日跪在地上拿个药杵捣药，它制的药还曾解救过北京的瘟疫。据说它在给人看病时因为自己是个兔子，很不方便，便峨冠博带，打扮得像人一样。直到现在，北京城里人还会用泥塑造玉兔的形象，俗称"兔儿爷"。

吴刚和桂树

除了寂寞的嫦娥和一只捣药的兔子，月宫里仿佛太冷清了。古时候的人们很有想象力，他们观看月亮的表面，觉得那里好像长着一棵茂盛的大树。人们便想象桂树是月宫里生长的主要树种，"桂"与"贵"谐音，祝福学子蟾宫折桂，就是祝福学子们考取功名，有一个富贵的前途。

吴刚本来是一位求仙者，在修仙的时候犯了错误，惹恼了神仙，被罚去月宫砍伐桂树。他一直在砍伐桂树，而桂树又一直生长愈合，所以他只能继续砍下去，吴刚的赎罪之路没有尽头。

吴刚伐桂

玩月

东晋名士、贵族谢尚在一个月夜泛舟牛渚（zhǔ）江时，听见有人吟咏他的诗作，非常高兴，就邀那人相会。那人叫袁宏，是个穷书生，通过这一次与谢尚结识，两人十分投机，成为挚友。而谢尚因为十分赏识袁宏的才华和为人，便对袁宏大加赞赏和提拔，袁宏从此一跃成为名士。这个典故广为流传，后世文人纷纷选择月下交友、吟诗，被称为"玩月"。大诗人李白就在《夜泊牛渚怀古》中表达了自己的愿望，希望自己能够像袁宏一样遇到赏识、提拔自己的"谢将军"。

八月十五的月亮最圆最好，也是文士玩月最盛的时候。唐代皇帝热衷玩月（唐代的皇帝真的是热衷许多事），民间也纷纷效仿，这一天全家团聚、登台赏月、饮酒泛舟，成为一个佳节。

夜泊牛渚怀古

【唐】李 白

牛渚西江夜，青天无片云。

登舟望秋月，空忆谢将军。

余亦能高咏，斯人不可闻。

明朝挂帆席，枫叶落纷纷。

◎ 《霓裳羽衣曲》

相传,某一年的中秋之时,唐玄宗与神仙罗公远赏月,唐玄宗提出了一个比较任性的要求:去月宫一游。罗公远满足了他的愿望,他引导唐玄宗去月宫上闲逛,唐玄宗在月宫见到了身穿霓裳(nícháng)羽衣的仙子翩翩起舞,还听了一首仙乐。唐玄宗很有音乐天分,默默记下了仙乐,回到人间之后谱写出来,这就是古时候的超级流行曲——《霓裳羽衣曲》。

《霓裳羽衣曲》铿锵有力而又不失舒缓,松弛有度,精彩绝伦。正如著名诗人白居易曾在《霓裳羽衣舞歌》中所言:"千歌万舞不可数,就中最爱霓裳舞。"

◎ 月饼

宋太宗时,朝廷正式将农历八月十五定为中秋节,中秋节才算是由民间节日进入了官方系统。《东京梦华录》记载,宋时的中秋节是一个美食节,酒馆酿制的各色新酒不到中午就卖光了,各种瓜果也新鲜上市,贵族、市民争相购买,贫户甚至会卖掉衣服换酒。

除了酒水、瓜果,中秋节最重要的食品当属月饼。月饼出现的时间不是太早,是宋以后才逐渐出现的,最开始是拜月的供品,后来成了节令食品。南宋《武林旧事》中记载了月饼,并说"以月饼相馈,取中秋团圆之意",月饼的功能才与现代相同。

登高

重阳节

数字也分阴阳，单数为阳，偶数为阴。在阳数中，九是最大的，九月九日这一天就是重九，也就是重阳，这一天是一个非常重要的日子，需要隆重过一过。

◎ 登高

重阳节这天已入深秋，告别了夏日暑热，即将进入冬日的肃杀，人们珍惜这一年中最后的好时光，便要走进自然，观赏秋菊、秋树，感受秋阳。

春天三月三的时候，人们走到河边，迎接春光、春草、春花、春风，叫踏青；秋天九月九时，人们登高望远，叫辞青，就是辞别绿色。

古人认为山顶与天更为接近，在重阳节这天登山顶祈福可以得到上天的庇佑。后来，重阳登高成了节日时的健身娱乐项目。

九月九日忆山东兄弟

【唐】王　维

独在异乡为异客，每逢佳节倍思亲。

遥知兄弟登高处，遍插茱萸（zhūyú）少一人。

秋祭

九月九日正值秋收，秋季丰收时节自然要感谢众神，庆祝丰年，所以秋祭是个非常重要的节日。"九"与"久"又是谐音，九九意味长长久久，在此时祈求年年丰收再合适不过了。

三令节

三令节是唐代的官方节日，它们分别是农历二月初一中和节，三月初三上巳节，九月初九重阳节。

敬老

重阳节也是敬老节，人们在这一天祈求老人身体健康。汉代《西京杂记》中就有关于重阳节的记述："九月九日佩茱萸，食蓬饵，饮菊花酒，令人长寿。"

1988 年开始，我国将每年的九月初九定为"中国老年节"，而每年的 10 月 1 日为"国际老人节"，小朋友们要注意区分哟。

重阳敬老

🌀 重阳糕

几乎每个传统节日都有代表的美食，春节北有饺子、南有年糕，人日吃面线，元宵节有汤圆和元宵，清明食青团，端午食粽子，中秋吃月饼……中国人讲究饮食与季节调和，饮食有规律，万物有秩序。

可是想一想，我们现在过重阳节时，好像并没有什么典型的美食，真的是这样吗？

怎么可能！

晋代人们已经开始蒸白糖蓬耳糕，到了唐代，重阳节食糕已经非常流行。宋代人们卖五色花糕，五色本身就有驱邪的意味，卖糕的人走街串巷，头上还插着写有吉祥二字的小旗。重阳糕取谐音"重阳高"，寓意百事俱高，也很有中国特色。

重阳糕只是在今天没有广泛流行罢了。

一九月重阳节，开门有菊花。

🌀 茱萸与菊花都是重阳节的风物

茱萸有香气，可以药用，也能避邪驱鬼。人们不仅将茱萸戴在头上，还会将茱萸籽装进挂在臂上的口袋里，制作茱萸囊。茱萸还可以泡酒，人们希望通过饮用这种酒来保健。

菊花正值秋季开放，既可观赏又可制成美食、美酒、茶水。古人非常欣赏菊花的风骨，所以重阳节不可没有菊花。